CATALOGUE

D'UNE BELLE COLLECTION

DE

TABLEAUX

MODERNES,

dont la vente aura lieu

LE SAMEDI 26 FÉVRIER 1853,

à une heure très précise.

HOTEL DES VENTES MOBILIÈRES,

RUE DES JEUNEURS, N. 49,

Salle n. 1,

Par le ministère de Mᵉ **RIDEL**, Commissaire-Priseur,
rue Saint-Honoré, 338,

Assisté de M. **COUTEAUX**, passage des Panoramas, Galerie
Montmartre, 27,

Chez lesquels se distribue le présent Catalogue.

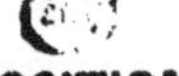

EXPOSITION PUBLIQUE

LE VENDREDI 25 FÉVRIER 1853, DE MIDI A 5 HEURES.

PARIS

MAULDE & RENOU,

IMPRIMEURS DE LA COMPAGNIE DES COMMISSAIRES-PRISEURS,
Rue de Rivoli prolongée.

1853

CONDITIONS DE LA VENTE.

Elle sera faite au comptant.

Les acquéreurs paieront, en sus des adjudications, cinq pour cent applicables aux frais.

DÉSIGNATION

DES TABLEAUX

BONINGTON.

1 — Paysage.

2 — Tête de chien.

CHARLET.

3 — Etude.

CHAVET.

4 — Jeune femme d'Arles.

COIGNARD (L.).

5 — Animaux dans un pâturage.

COMTE.

6 — La Tentation.

COROT.

7 — Paysage. Effet du matin.

COUDER.

8 — Jeunes femmes dans un boudoir.

COULON.

9 — Le Petit Trianon.

10 — Jalousie.

DAUBIGNY.

11 — Vue près du pont de Bezons , sur la Seine.

DECAMPS.

12 — Vieille des environs d'Antibes.

13 — Matelot algérien.

(Deux dessins à la mine de plomb.)

14 — Paysage.

(Dessin rehaussé.)

15 — Paysan à l'affût.

16 — Grecs de Smyrne derrière un rempart.

17 — Halte de soldats.

18 — Site de Syrie.

19 — Le Désert.

DELACROIX (EUGÈNE).

20 — Sujet tiré de Faust (Goëthe).

21 — Lion dans un paysage.

DIAZ.

22 — Les deux Sœurs.

23 — Nymphes endormies surprises par des Amours.

24 — Baigneuses dans un paysage.

25 — Tête de femme.

26 — Intérieur de forêt.

27 — Consolations.

28 — Baigneuse vue de dos.

DUPRÉ (Jules).

29 — La Vanne.

DUPRÉ (Victor).

30 — Vue prise à l'Ile-Adam.

FRANCIA.

31 — Plage.

32 — Marine.

GABÉ.

33 — Vue de la forêt de Boursault, à Grand-Fossé (Marne).

GIROUX (Achille).

34 — Le Pansage.

35 — L'Abreuvoir.

36 — Le Marché aux chevaux.

37 — Le Niquetage.

(Quatre pendants.)

GUÉ.

38 — Vue de cabanes aux monts d'Or.

HELLEMANS.

39 — Paysage.

HERVIER.

40 — Paysage.

41 — Marine.

HOGUET.

42 — Nature morte.

43 — Le Moulin.

LAMBINET.

44 — Le Champ de blé.

LAVIEILLE.

45 — Cour de Ferme.

LAZERGES.

46 — Ophélia.

47 — Jésus au Jardin des Oliviers.

LEGENTIL.

48 — Paysage.

LESSORE (E.).

49 — Turcs.

(Aquarelle.)

LUMINAIS.

50 — Chasseurs bretons.

MARILHAT.

51 — Ruines. — Esquisse.

52 — L'Abreuvoir. Effet d'orage.

MARNEFF (FRANK DE).

53 — Forêt de Fontainebleau. Le matin.

dito   dito   Le soir.

MAROHN.

54 — La Surprise.

MILLET.

55 — Fileuse.

NOEL (JULES).

56 — Site de Mortain. (Normandie.)

57 — Marine.

PASINI.

58 — Soleil levant.

59 — Soleil couchant.

PRÉAULT.

60 — Soleil couchant.

REYNOLDS.

61 — Le Moulin.

ROBERT FLEURY.

62 — Soldat en armure.

ROQUEPLAN (Camille).

63 — Jeune femme au bord de la mer.

64 — Première pensée du Lion amoureux.

65 — Esquisse.

ROUSSEAU (Philippe).

66 — Nature morte.

67 — Basse-cour.

68 — Lapins.

69 — Basse-cour. — Pendant du précédent.

70 — Nature morte.

ROUSSEAU (Théodore).

71 — Après la pluie.

72 — Soleil levant.

73 — Effet du matin.

74 — Après l'orage.

75 — La Mare.

SALMON.

76 — Daphnis et Chloé.

77 — Servante flamande.

TASSAERT (O.).

78 — Jeune malade.

79 — Suzanne au bain.

80 — Jeune fille et l'Amour.

81 — La Famille malheureuse.

Réduction du tableau peint par **M. Tassaert** pour le Musée du Luxembourg, et reproduit fâcheusement sous ce titre : *le Suicide*.

C'est une erreur ; en citant le texte qui a fourni le sujet du tableau, nous lui restituerons une large part d'intérêt et ferons disparaître une équivoque dont le moindre inconvénient est de dénaturer le sentiment de l'œuvre en substituant le désespoir dans sa résolution la plus horrible, à la résignation dans la foi, que le maître a voulu peindre :

« .... Le vent soufflait au dehors, et la
« neige blanchissait les toits.

« Sous un de ces toits, dans une chambre étroite, étaient
« assises, travaillant de leurs mains, une femme à cheveux
« blancs et une jeune fille.

« *Et de temps en temps la vieille femme réchauffait à un*
« *petit brasier ses mains pâles.* Une lampe d'argile éclairait
« cette pauvre demeure, et un rayon de la lampe venait
« expirer sur une image de la Vierge, suspendue au mur.

« Et la jeune fille, levant les yeux, regarda en silence, pen-
« dant quelques moments, la femme à cheveux blancs ; puis
« elle lui dit : Ma mère, vous n'avez pas été toujours dans
« ce dénûment.

« Et il y avait dans sa voix une douceur et une tendresse
« inexprimables.

« Et la femme à cheveux blancs répondit : Ma fille, Dieu
« est le maître ; ce qu'il fait est bien fait.

« Ayant dit ces mots, elle se tut un peu de temps ; ensuite
« elle reprit :

« Quand je perdis votre père, ce fut une douleur que je
« crus sans consolation : cependant vous me restiez ; mais je
« ne sentais qu'une chose alors.

« Depuis, j'ai pensé que s'il vivait, et qu'il nous vît en cette
« détresse, son âme se briserait, et j'ai reconnu que Dieu
« avait été bon envers lui.

« La jeune fille ne répondit rien, mais elle baissa la tête,
« et quelques larmes, qu'elle s'efforçait de cacher, tombèrent
« sur la toile qu'elle tenait entre ses mains.

« La mère ajouta : Dieu, qui a été bon envers lui, a été bon

« aussi envers nous. De quoi avons-nous manqué, tandis que
« tant d'autres manquent de tout?

« Il est vrai qu'il a fallu nous habituer à peu, et, ce peu,
« le gagner par notre travail; mais ce peu ne suffit-il pas? et
« tous n'ont-ils pas été, dès le commencement, condamnés
« à vivre de leur travail?

« Dieu, dans sa bonté, nous a donné le pain de chaque jour;
« et combien ne l'ont pas! un abri, et combien ne savent où
« se retirer!

« Il vous a, ma fille, donnée à moi : de quoi me plaindrais-je?

« A ces dernières paroles, la jeune fille, tout émue, tomba
« aux genoux de sa mère, prit ses mains, les baisa, et se pen-
« cha sur son sein en pleurant.

« Et la mère, faisant un effort pour élever la voix : Ma fille,
« dit-elle, le bonheur n'est pas de posséder beaucoup, mais
« d'espérer et d'aimer beaucoup.

« Notre espérance n'est pas ici-bas ni notre amour non plus,
« ou, s'il y est, ce n'est qu'en passant.

« Après Dieu, vous m'êtes tout en ce monde; mais ce monde
« s'évanouit comme un songe, et c'est pourquoi mon amour
« s'élève avec vous vers un autre monde.

« Lorsque je vous portais dans mon sein, un jour je priai
« avec plus d'ardeur la Vierge Marie, et elle m'apparut pen-
« dant mon sommeil, et il me semblait qu'avec un sourire
« céleste elle me présentait un petit enfant.

« Et je pris l'enfant qu'elle me présentait, et, lorsque je
« le tins dans mes bras, la Vierge-Mère posa sur sa tête
« une couronne de roses blanches.

« Peu de mois après vous naquîtes, et la douce vision était
« toujours devant mes yeux.

« Ce disant, la femme aux cheveux blancs tressaillit, et
« serra sur son cœur la jeune fille

« A quelque temps de là une âme sainte vit deux formes
« lumineuses monter vers le ciel, et une troupe d'anges les
« accompagnait, et l'air retentissait de leurs chants d'allé-
« gresse. »

F. LAMENNAIS.

TROYON (C.)

82 — Troupeau de moutons.

83 — Animaux dans un paysage.

84 — Effet du matin. — Pendant du précédent.

85 — Effet d'orage.

86 — Vaches à la prairie.

WATELET.

87 — Paysage historique.

ZIEM.

88 — Marine. Effet du soir.

Maulde et Renou, Imprimeurs de la Compagnie des Commissaires-Priseurs,
rue de Rivoli prolongée, au coin de celle de l'Arbre-Sec.

8110

www.ingramcontent.com/pod-product-compliance
Lightning Source LLC
LaVergne TN
LVHW010054060726
842524LV00006B/2195